AF327880

LA
RÉFORME ÉLECTORALE

PAR

Adolphe HOUDARD,

AVOCAT,

MEMBRE DE LA SOCIÉTÉ D'ÉCONOMIE POLITIQUE DE PARIS.

PRIX : 1 Fr.

PARIS,

A. ALEXANDRE,

42, rue de Grenelle-Saint-Germain, 42.

—

1888

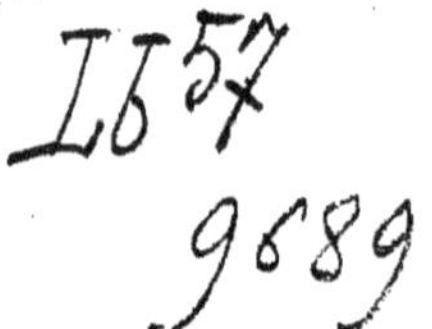

RÉFORME ÉLECTORALE.

La session des Conseils généraux a soulevé la question de la Réforme électorale; 53 d'entre eux ont émis des vœux favorables au rétablissement du scrutin uninominal et déjà une foule d'études plus ou moins importantes ont été publiées sur ce sujet. La cause de ce mouvement, on le sait, est à la fois dans les résultats des élections de 1885, qui n'ont pas rempli les promesses faites au nom du scrutin de liste, et dans la crainte de voir le boulangisme trouver dans ce mode de votation un instrument propice à ses vues plébiscitaires; on espère avec le scrutin uninominal s'opposer plus efficacement aux progrès de la réaction et aux tentatives dictatoriales. Sur ces deux points on s'égare, croyons-nous, pour des raisons qu'il n'est peut-être pas inutile d'exposer brièvement sous une forme plus démonstrative qu'on ne semble l'avoir fait jusqu'ici, nous proposant ensuite d'examiner dans quel sens une réforme électorale devrait être entreprise.

I.

Quelle est exactement la nature du changement que l'on propose, lorsqu'on veut remplacer le scrutin de liste par le scrutin uninominal? A cet égard, il y a lieu de faire une distinction, ordinairement omise, entre le mode de votation, le mode de dépouillement des suffrages et le mode d'attribution des sièges, trois éléments qui se retrouvent dans tout système de scrutin ou d'élection.

Pour nous restreindre aux deux systèmes actuellement opposés, ils comportent deux modes de votation : l'un, par arrondissement, au moyen d'un bulletin portant un seul nom; l'autre, par département, au moyen d'un bulletin portant plusieurs noms.

Le premier est le vote uninominal par arrondissement, le second le vote plurinominal, improprement dit à la liste, par département. Les deux systèmes de scrutin se voient appliquer un mode unique de dépouillement, consistant à compter le nombre de suffrages obtenus par chaque candidat sans distinguer, en ce qui regarde le scrutin de liste, suivant l'origine de ces voix qui peuvent provenir de listes répondant à des opinions différentes (¹). Quant au mode d'attribution des sièges, il est également le même pour les deux systèmes : sont proclamés élus ceux des candidats qui ont obtenu le plus de suffrages, recensés comme on vient de le dire.

On voit, en somme, que le débat s'élève entre deux systèmes de scrutin qui diffèrent seulement par le mode de votation : vote uninominal par arrondissement et vote plurinominal par département ; et qu'il s'agit simplement de savoir s'il faut passer d'un mode de votation à l'autre, les modes de dépouillement des suffrages et d'attribution des sièges n'étant pas mis en cause. Nous avons à examiner si un pareil changement aurait pour effet de remédier aux deux inconvénients qu'on attribue au scrutin de liste, de favoriser la réaction, ainsi qu'on en croit trouver la preuve dans les résultats de 1885, et d'être susceptible, à en juger par une triple élection récente, de servir, en 1889, les entreprises plébiscitaires du boulangisme.

Sur le premier point, on attache, à notre avis, beaucoup trop d'importance aux modes de votation, et c'est leur faire trop d'honneur que de les supposer capables *a priori* de donner des résultats favorables à telle ou telle opinion. Lorsqu'il s'agit de

---

(¹) C'est ainsi qu'en 1885, dans quelques départements, des candidats portés sur deux listes de nuances diverses se sont trouvés bénéficier, grâce à ce mode de dépouillement, de la somme des voix recueillies à l'aide de l'une et de l'autre liste, et sont parvenus, en conséquence, à passer au premier tour, alors que leurs collègues de liste restèrent en ballotage. Dans la Côte-d'Or, par exemple, MM. Joigneaux et Dubois, portés sur une liste opportuniste et sur une liste radicale, obtinrent de la sorte assez de voix pour être élus d'emblée, tandis que, si l'on eût fait le recensement par liste, ils fussent demeurés en ballotage avec leurs Collègues, notamment MM. Sadi Carnot et Spuller. C'est là, sans conteste, une anomalie qui devrait disparaître comme contraire à de bonnes mœurs électorales, puisqu'elle donne un avantage marqué au candidat assez peu sûr de son opinion, afin de ne rien dire de plus, pour soutenir deux politiques opposées, en leur permettant de figurer à la fois sur les deux listes correspondantes.

systèmes également fondés sur le suffrage universel, ce n'est pas le mode de votation qui fait les votes, mais le corps électoral et ses opinions changeantes exprimées à l'aide de ce mode de votation. Il serait facile au Ministère de l'Intérieur d'établir d'une manière irréfutable, d'après les résultats partiels obtenus par arrondissement aux élections de 1885, que les résultats réels n'auraient pas été sensiblement modifiés, si l'on eût voté au scrutin uninominal, au lieu de l'avoir fait au scrutin de liste. Le moyen, en effet, qu'il en fût autrement? Est-ce que pour avoir voté pour un candidat par arrondissement et non pour plusieurs par département, l'électeur qui a donné sa voix à une liste conservatrice aurait changé son bulletin de vote contre un bulletin républicain? Assurément non. Les votes auraient donc été à peu près identiques.

En ce qui concerne les résultats, qui, eux, dépendent, pour une somme de suffrages déterminés en nombre et en qualité, des modes de dépouillement et d'attribution des sièges, comme ces modes sont semblables dans les deux systèmes de scrutin, les résultats également auraient été à peu près identiques. Il est, en effet, pour ainsi dire impossible de faire sortir d'un même ensemble de votes des résultats contraires. Le scrutin uninominal aurait introduit cette seule nouveauté de faire élire quelques républicains dans les départements à représentation actuelle totalement réactionnaire, et aussi, par contre, quelques réactionnaires dans les départements à représentation actuelle totalement républicaine, modification due à ce que les électeurs d'opinions différentes ne sont pas répartis en proportions uniformes dans tous les arrondissements d'un même département. Quant à l'ensemble des résultats pour tout le pays, il aurait été sensiblement le même, les gains et les pertes, provenant de cette cause, devant à peu près se compenser.

En résumé, le scrutin de liste et le scrutin uninominal, tels que nous les pratiquons, ne peuvent fournir des résultats bien différents. Le premier, il est facile de le remarquer, se réduit à un scrutin plurinominal; il ne se distingue du second que par une économie de temps, en ce qu'il permet à tout électeur disposant de 5 voix, par exemple, dans un département appelé à élire 5 députés, de porter sur un bulletin unique 5 noms, au lieu d'employer autant de bulletins que de noms.

Ce n'est donc pas au mode de votation qu'il faut s'en prendre des élections de 1885, le vote uninominal et le vote plurinominal ou à la liste donnant les mêmes résultats. La cause de ces élections se trouve dans la politique du Gouvernement, politique excessive en toute matière, ainsi qu'il est reconnu même par bon nombre de républicains (¹), politique qui a indisposé le pays, non contre la République, du moins dans la mesure où certains l'ont prétendu, mais contre le parti radical au pouvoir, la masse générale des électeurs professant des opinions progressives, il est vrai, mais modérées.

Lorsque, sous un régime électoral déterminé, les élections sont défavorables au Gouvernement, on a coutume d'en accuser le régime électoral, au lieu de réfléchir à ceci, que les résultats sont mauvais parce que les électeurs ne sont pas satisfaits de la politique des hommes au pouvoir, et qu'avec le scrutin uninominal ou avec le scrutin de liste, pour ce qui regarde la situation présente, ils auraient aussi bien manifesté leur mécontentement.

M. Joseph Reinach avait bien raison de dire, à propos des élections de 1885 : « Le plus petit logicien de Port-Royal eût conclu que la faute en était au radicalisme qui venait, pour la première fois, de mettre la main sur le Gouvernement. Les logiciens du Palais-Bourbon raisonnent autrement : la faute en est au scrutin de liste et l'on annonce de toutes parts que la République va se replier en bon ordre vers le scrutin d'arrondissement (²) ». Aussi l'espérance de voir en 1889 des élections favorables à la République, grâce au rétablissement du scrutin uninominal, est-elle vaine et illusoire et, plus que cela, extrêmement dangereuse pour l'existence même de la République; car elle est propre à laisser subsister à la tête du Gouvernement le parti radical, parti en minorité dans le parti républicain lui-même (³); arrivé aux affaires

---

(¹) *Voir* le *Temps* du 23 août 1888 : « Quelle sera la politique des républicains de Gouvernement?... » — *Voir* aussi le *Journal des Débats* du 6 septembre 1888 : « Si les institutions actuelles courent un danger, ce n'est que par suite de l'influence croissante des radicaux, de leurs violences, de leurs folies, de la répugnance légitime qu'ils inspirent à une partie du pays. » (JULES DIETZ.)

(²) *Voir* la *Revue bleue* du 21 avril 1888 : « La Réforme électorale », par Joseph Reinach.

(³) « Chassés de tous les postes qu'ils occupaient, réduits, eux (les républicains

à la suite de coalitions successives avec la réaction et soutenu par les républicains modérés, en vertu d'une capitulation devant l'intransigeance de leurs Collègues, croyant par là, calcul erroné, défendre la République contre ses ennemis de droite. Or le maintien du parti radical au pouvoir, le véritable fauteur des élections réactionnaires de 1885, doit conduire fatalement la République à une nouvelle défaite en 1889, et créer une situation exceptionnellement critique aux institutions républicaines et au pays.

Le premier motif invoqué en faveur du scrutin uninominal par arrondissement est, en définitive, tout à fait sans fondement sérieux et doit être considéré comme une manœuvre du radicalisme, qui espère, en attribuant au scrutin de liste l'insuccès de 1885, masquer sa situation précaire au pouvoir et l'antagonisme dans lequel il se trouve avec le pays.

La raison tirée de la crainte du boulangisme est-elle plus solide? Pas davantage. Il suffit de considérer, comme plusieurs l'ont déjà fait, avec quelles voix le général Boulanger a été élu dans les départements du Nord, de la Somme et de la Charente-Inférieure, pour savoir à quoi s'en tenir. Un plébiscite est impossible en sa faveur. Le général a été l'instrument et sera le jouet des réactionnaires, c'est par des réactionnaires et non par des républicains qu'il a été nommé et dans des départements à majorité ordinairement réactionnaire. Viennent les élections de 1889 et le général, rejeté d'un côté par ceux qui se seront servis de lui et de l'autre par les républicains, se trouvera seul, impuissant. Nous ne voyons même pas qu'il puisse être élu dans un seul département, car aucun ne renferme une majorité boulangiste en face d'une minorité républicaine et d'une minorité réactionnaire. Il ne pourrait arriver que par l'effacement des partis monarchiques, hypothèse inadmissible, qui, d'ailleurs, devînt-elle réalité, ne changerait rien à la situation des républicains placés dès lors en face de boulangistes au lieu de réactionnaires.

Le second motif à l'appui du rétablissement du scrutin d'arron-

---

modérés) qui sont 200 dans la Chambre et 150 dans le Sénat, à subir un ministère qui ne compte comme amis du premier degré que 120 à 150 députés sur 584 et 5 ou 6 sénateurs sur 300, ...» (Jules Dietz, *Journal des Débats* du 6 septembre 1888.)

dissement n'est-donc pas plus fondé que le premier. Ce mode de votation, au contraire, permettrait peut-être au général Boulanger quelques succès électoraux; car, s'il n'y a pas de département à majorité boulangiste, il existe peut-être des arrondissements remplissant cette condition.

La conclusion qui suit de ces observations, c'est qu'on a tort de s'inquiéter du mode actuel de votation, du moins pour les motifs allégués. Est-ce à dire que ce mode soit très satisfaisant? que le scrutin de liste, tel qu'on le pratique en ce moment, soit propre à contenter les moins difficiles? Avec M. Joseph Reinach nous ne le pensons pas; mais, ajouterons-nous comme lui, « que le parti républicain doive donner cet exemple d'inconséquence, changer le mode électoral chaque fois que ses fautes indisposent le corps électoral contre lui : beaucoup de républicains ne s'y résigneraient pas sans peine ». Faut-il pour cela abandonner toute tentative d'améliorer le régime actuel en cherchant à remédier aux imperfections que l'expérience a mises en lumière? Loin de là. Nous sommes, au contraire, convaincu qu'un grand nombre de républicains s'associeraient volontiers à une telle entreprise : il suffit dès lors d'en déterminer les conditions.

II.

Le scrutin uninominal et le scrutin de liste ou plus exactement plurinominal ont également, avec les modes actuels de votation, de dépouillement des suffrages et d'attribution des sièges, un vice essentiel, celui de faire représenter chaque circonscription électorale par un député unique ou par plusieurs députés professant une opinion unique, ici par un ou plusieurs députés réactionnaires exclusivement, là par un ou plusieurs députés républicains exclusivement. C'est, pourrions-nous dire, le plébiscite simple ou multiple, qui remet les intérêts de chaque région du pays entre les mains d'un seul parti sans contrepoids. Voici ce qu'écrivait dernièrement à cet égard M. Emmanuel Arène dans le journal *le Matin :* « J'avoue que j'ai été frappé, dans mes récentes pérégrinations en Charente, dans le Nord, d'une objection que j'avais traitée, autrefois, de quantité négligeable : je veux parler de ces départements où, depuis le scrutin de liste, il n'y a plus un seul représentant républicain. Ils étaient plus de trente après le 4 octobre : il en reste bien encore vingt-cinq. Il faut, dans ces pays-là, que les républicains aient le cœur fortement trempé pour ne pas se laisser aller au découragement et mettre, comme on dit, la clef sous la porte. C'est, parfois, à trois ou quatre cents voix d'écart que les réactionnaires l'ont emporté : trois cents voix de majorité sur cent mille votants, cela suffit pour que tout un parti, la moitié du département, en somme, n'existe plus, politiquement parlant. »

Cette critique est fort juste ; elle n'a que le tort de s'adresser au scrutin de liste, car elle ne s'applique pas moins au scrutin uninominal : somme toute, elle est la critique de notre manière de pratiquer les élections, quel que soit d'ailleurs le système de scrutin en cause. La situation des républicains n'est pas moins précaire, en effet, dans l'arrondissement dont le député est réactionnaire que dans le département à députation totalement réactionnaire. Leurs intérêts n'en sont pas moins sans défenseurs attitrés. Ils peuvent, il est vrai, s'adresser au député ou à la députation d'un autre arrondissement ou d'un autre département ; mais on sait par expérience qu'une telle ressource est bien aléatoire ; un député n'est-il pas suffisamment occupé par les intérêts de ses électeurs, sans prendre à sa charge ceux des électeurs dont il n'est pas le mandataire ? On ne fera pas que le député d'un arrondissement soit le représentant de tous les électeurs du département, ni que les députés d'un département soient les représentants de tous les électeurs du pays. Sous ce rapport le scrutin de liste et le scrutin uninomimal se valent, ou plutôt sont aussi défectueux l'un que l'autre, avec leur mode actuel d'application.

Quel serait le remède à un pareil état de choses? Le remède se trouverait, c'est l'évidence même, dans un mode électoral fournissant à chaque arrondissement ou département, selon la base adoptée, une représentation effective à chacune des opinions qui partagent sa population.

Entre le département et l'arrondissement, l'hésitation n'est pas possible. On ne saurait accorder plusieurs députés par arrondissement sans constituer une chambre beaucoup trop nombreuse. C'est donc le département ou une circonscription assez étendue qui doit former l'unité territoriale.

Quant au scrutin de liste et au scrutin uninominal, le choix entre eux n'est guère plus embarrassant. Avec ce dernier le nombre des représentants d'une circonscription ne serait pas fixe, puisque tous les électeurs auraient la faculté de donner leurs suffrages à un candidat unique. Le département aurait dans ce cas un seul député, au lieu de quatre ou cinq par exemple que lui assignerait la loi, de sorte que, si l'on voulait lui attribuer dans la Chambre une influence en rapport avec les intérêts qu'il représente, on devrait lui reconnaître quatre ou cinq suffrages dans les votes parlementaires. Ce système, déjà défectueux à ce point de vue, présente un autre grave inconvénient, celui de laisser une porte constamment ouverte à la dictature, la majorité des électeurs pouvant, sur toute l'étendue du pays, accorder leurs suffrages à un candidat unique, qui deviendrait ainsi l'arbitre absolu des destinées du pays. Le scrutin de liste, au contraire, échappe à ces inconvénients, en ce qu'il conduit chaque électeur à voter pour plusieurs candidats et en ce qu'il peut fournir, dans les conditions d'application que l'on va exposer, un nombre de représentants en rapport avec l'importance des partis.

Nous voulons parler d'un mode électoral dont le principe n'est pas nouveau, qui présente une grande simplicité et qui, en conséquence, peut être mis facilement en pratique; mais encore faut-il avoir le courage et la loyauté de l'accepter complètement. Il consiste dans le scrutin de liste à double vote et double dépouillement, avec attribution des sièges aux plus favorisés de chaque liste d'après le nombre de suffrages recueillis par chacune; c'est-à-dire dans le scrutin de liste appliqué en considérant d'abord chaque bulletin ou liste, non pas comme un assemblage de noms fortuit, qui permet une économie de temps et de bulletins uninominaux, mais comme un tout indivisible désigné par son titre : liste républicaine, royaliste, impérialiste, qui constitue de la part de l'électeur un vote de programme à la fois constitutionnel et politique suivant les épithètes jointes à ces qualificatifs fondamentaux; et envisageant ensuite chaque bulletin ou liste par le détail des noms qui le composent et qui forment un vote de délégation de pouvoirs aux candidats désignés à l'effet de mettre à exécution le programme répondant au titre de la liste. C'est, en définitive, le véritable scrutin de liste, qui implique essentiellement un double vote sur un programme et sur des candidats.

Pour plus de clarté, voyons fonctionner ce système dans un département et considérons ce qu'il aurait donné en 1885, par exemple, dans l'un de ceux dont M. Emmanuel Arène regrettait la représentation, dans le Nord.

Le département du Nord avait à élire 20 députés et notre régime électoral a abouti à l'élection de 20 réactionnaires. Trois listes étaient en présence : réactionnaire, républicaine modérée et radicale. Nous ne connaissons pas le nombre de suffrages obtenus par chacune d'elles, puisqu'ils n'ont pas été recensés séparément, mais on peut approximativement le déduire des voix recueillies par les candidats de chaque liste : il est vraisemblablement à peu près égal à leur moyenne. On trouve ainsi que la liste réactionnaire dut obtenir 162.000 suffrages environ, la liste républicaine modérée 117.300, la liste radicale 7.700, soit au total 125.000 suffrages républicains contre 162.000 réactionnaires. Comme la liste réactionnaire passa entièrement, 125.000 électeurs républicains, plus des $\frac{3}{7}$ des votants, restèrent sans représentation aucune et, suivant le mot de M. Emmanuel Arène, « la moitié du département n'exista plus, politiquement parlant ». Tel est le résultat déplorable auquel conduit le mode actuel de procéder. Que si, au contraire, on eût appliqué le système qui vient d'être décrit brièvement, en proclamant élus les candidats de chaque liste ayant réuni le plus de suffrages et un nombre de candidats de chaque liste en rapport avec le nombre de voix recueillies par chacune, on devait obtenir le résultat suivant : 11 réactionnaires et 9 républicains, dont 8 modérés et 1 radical. Qui oserait soutenir que cette représentation n'eût pas été préférable à l'autre?

Et le Nord n'est pas le seul département à représentation uniquement réactionnaire : nous en comptons 22 autres (¹), le quart de notre territoire, dans le même cas, au premier tour de scrutin, le

---

(¹) Ardèche, Aveyron, Calvados, Charente, Côtes-du-Nord, Eure, Finistère, Gers, Indre, Landes, Loire-Inférieure, Lozère, Maine-et-Loire, Manche, Mayenne, Morbihan, Oise, Pas-de-Calais, Hautes et Basses-Pyrénées, Tarn-et-Garonne, Vendée, qui, avec le Nord, obtinrent, au 4 octobre 1885, une représentation de 162 députés réactionnaires exclusivement.

4 octobre 1885. Qui prétendrait qu'un mode électoral fournissant une représentation mixte en rapport avec l'importance des partis et assurant une certaine représentation républicaine dans tous les départements, en particulier dans ceux qui jusqu'à ce jour sont restés les foyers inexpugnables de la réaction, qu'un mode électoral qui aurait donné en 1885 aux Côtes-du-Nord 3 députés républicains sur 9, au Finistère 5 sur 10, à la Loire-Inférieure 3 sur 9, à la Manche 4 sur 8, au Pas-de-Calais 5 sur 12, au lieu d'une députation entièrement réactionnaire, qui prétendrait qu'un tel mode électoral ne serait pas très favorable en tout état de cause à la bonne administration du pays et à l'intérêt bien entendu de la République?

Il est vrai que cette manière de procéder, la seule équitable, en introduisant des républicains dans les départements d'où ils sont exclus, aurait pour contre-partie l'introduction de quelques conservateurs dans les départements où les républicains seuls occupent toute la place, mais le gain et la perte se compenseraient approximativement et le bénéfice serait considérable, au point de vue de l'apaisement de l'opinion publique, par l'effet de la suppression du malaise et de l'antagonisme qu'entretient dans chaque partie du pays, à la suite des élections, l'écrasement total d'un parti par l'autre.

Ce système aurait, outre les avantages précédents, le résultat très appréciable de relever le niveau de la composition de la Chambre, dans laquelle n'entreraient, grâce à lui, que les têtes de liste, c'est-à-dire les sommités de tous les partis. Au point de vue de la moralité des élections, il rendrait leur indépendance aux éléments républicains, qui se rencontrent sur un même principe constitutionnel, la République, mais se séparent sur les questions d'affaires. Assurés d'obtenir une représentation en rapport avec leur importance, ils seraient affranchis désormais de la nécessité de se coaliser entre eux pour faire face à l'ennemi commun, au prix de concessions ou plutôt d'abdications, où chacun perd de sa dignité et où ceux qui cèdent le plus, quand ils n'abandonnent pas tout, sont constamment les plus modérés, au grand préjudice du pays, dont le Gouvernement est ainsi livré aux mains des excessifs et des violents. Ce système permettrait donc d'atteindre, avantage précieux dans les circonstances graves du moment, le but que se proposent ceux qui prêchent, bien en vain (¹), la concentration, espérant éviter par ce moyen l'annihilation des forces républicaines qui, en marchant séparément, s'exposent avec notre régime électoral à être battues par des forces réactionnaires inférieures en nombre.

Ces forces pourraient donner leur plein effet et s'avancer parallèlement dans la prochaine lutte électorale, chaque parti formant une colonne et les divers partis disposés dans la formation en ligne de colonnes, pour emprunter une comparaison à l'art militaire, c'est-à-dire concourant à une même action sur des terrains variés, appropriés à leurs goûts et à leurs aptitudes, au lieu de la formation en masse qui exige qu'un parti tienne la tête et conduise les autres lui servant d'appui.

Tel est, dans ses grandes lignes, ce mode électoral, le seul qui nous paraisse mériter la qualification de scrutin de liste, dont la mise en vigueur n'apporterait aucun trouble et satisferait les vœux latents du public en donnant à chaque département une représentation variée à l'image de ses opinions. Il ferait faire un pas considérable en avant vers l'établissement d'institutions républicaines définitives, c'est-à-dire fondées sur un véritable esprit de justice et d'impartialité, et obligerait les hommes au pouvoir à gouverner en tenant compte des aspirations de la majorité véritable des électeurs, et non plus conformément aux vues plus ou moins étroites, intolérantes et intéressées d'une coterie ou faction politique.

(¹) La concentration est impossible, parce qu'une concentration ne peut se faire que sur un programme commun et qu'un programme commun, entre partis républicains qui ne sont d'accord que sur un principe constitutionnel, la République, et qui se divisent déjà sur les formes constitutionnelles, ne peut comprendre qu'un seul mot : République. Elle n'est donc pratique que dans l'hypothèse, hors de cause, d'un plébiscite. Sorti de ce mot, le programme doit forcément revêtir un caractère modéré ou radical, ce qui le rend inacceptable par l'un des deux partis de même nuance, à moins que ce parti n'abdique. Telle a été, nous avons le regret de le constater, la conduite des républicains conservateurs dans ces dernières années; ils commencent à comprendre leur faute, cédant aux appels patriotiques de MM. Joseph Reinach et Jules Dietz qui, dans la *République française* et le *Journal des Débats*, ont mis en évidence l'illusion de la concentration au point de vue de la politique modérée sans cesse sacrifiée au radicalisme.

Cette réforme, d'une réalisation facile, réclamerait l'adoption de deux mesures complémentaires, destinées à sauvegarder l'exactitude et la sincérité des élections. La première consiste, conformément aux vues exposées par M. Joseph Reinach, vues auxquelles nous nous associons pleinement, dans la modification d'un certain nombre de circonscriptions électorales, comme celles de la Seine, du Nord, de la Seine-Inférieure, du Pas-de-Calais, qui renferment une population trop dense en ce qu'elles exigent des listes trop nombreuses. Un électeur ne saurait donner avec clairvoyance son suffrage à plus de 3, 4 ou 5 candidats; il conviendrait donc de subdiviser les départements dont il s'agit en circonscriptions ne nécessitant pas une représentation supérieure à 4 ou 5 .députés.

La seconde mesure à prendre concerne les titres des listes que les élections de 1885 ont montré la nécessité de réglementer. Il ne faut pas laisser aux candidats la faculté de tromper les électeurs par des désignations plus ou moins vagues ou mensongères qui amènent forcément des confusions et des erreurs. Le titre de liste conservatrice est de ce nombre. Aux dernières élections générales, il signifiait en réalité liste réactionnaire, et cependant beaucoup d'électeurs républicains, aux opinions modérées et conservatrices, furent entraînés par cette désignation, à voter avec de telles listes sans avoir aucunement l'intention de renverser la République, ce à quoi en définitive conduisait leur vote. Pour assurer la loyauté des élections sous ce rapport, il est nécessaire que chaque liste porte un titre parfaitement clair au point de vue constitutionnel : liste républicaine, royaliste, impérialiste ou équivalents et leurs modalités : liste impérialiste victorienne ou jérômiste, liste républicaine modérée, radicale, intransigeante, etc. La sanction d'une pareille mesure serait dans l'application aux listes à titres ambigus sous le rapport constitutionnel du traitement réservé aux bulletins dont la désignation est insuffisante, c'est-à-dire la nullité. Avec une telle pratique on ne serait plus exposé à voir se reproduire les résultats scandaleux de 1885, où un grand nombre d'électeurs, voulant réagir contre la politique radicale et remettre le Gouvernement entre des mains plus modérées, votèrent, abusés par le titre de conservateurs, pour des réactionnaires, qui se présentaient sous cette étiquette trompeuse.

Enfin le nouveau régime électoral exigerait la suppression des élections partielles, incompatibles avec lui. Les députés décédés ou démissionnaires seraient purement et simplement remplacés au moyen de l'arrivée successive à la députation des candidats de même liste ayant obtenu le plus de voix après le dernier des élus à l'origine. C'est là un procédé tout indiqué, conforme au système de scrutin et qui éviterait le double inconvénient de remuer tout un collège électoral à chaque vacance et de renouveler fréquemment les dépenses considérables qu'entraîne avec lui le scrutin départemental.

Est-ce tout? Oui, pensons-nous; du moins, ces réformes nous satisferaient pour le moment, et comme, pour obtenir quelque chose, il ne faut pas trop demander à la fois, nous bornerions là nos désirs. Ce n'est pas que la considération des dépenses excessives, de la distance qui sépare l'électeur du candidat dans une circonscription étendue et de l'action prépondérante de comités sans mandat, vices inhérents au scrutin départemental, nous ne disons pas au scrutin de liste, ne nous amènerait pas à souhaiter des réformes plus importantes, mais nous sentons que l'heure n'est pas encore tout à fait venue de réclamer un régime électoral plus démocratique sous ces divers rapports. Nous ne pouvons que faire des vœux pour voir arriver le moment où ces réformes pourront être accomplies, au grand bénéfice des électeurs et des élus et des mœurs politiques de notre pays.

FIN.

14576   Paris. — Imprimerie GAUTHIER-VILLARS ET FILS, quai des Grands-Augustins, 55.

9 782011 781352